T0011535

CATORCE
Monos

Un poema de la selva

Melissa Stewart Ilustraciones de Steve Jenkins

traducción de Mariana Llanos

Beach Lane Books   Nueva York   Londres   Toronto   Sídney   Nueva Delhi

Catorce monos comparten el Manu, un cálido y frondoso bosque en Perú.

La mayoría de las selvas tropicales son hogar de solo unas cuantas especies de monos. Pero en el Parque Nacional del Manu en Perú conviven 14 especies. ¿Cómo hacen para sobrevivir juntos en el mismo lugar?

- Son de tamaños diferentes.

- Viven a diferentes alturas sobre el suelo.

- Tienen comportamientos diferentes.

- Comen distintos tipos de comida.

Gracias a estas diferencias, los monos no compiten por el alimento ni por el espacio donde vivir.

Las infografías de la selva amazónica que aparecen en cada página incluyen un círculo anaranjado que indica la altura del bosque en la que vive cada especie.

Cuando el sol se levanta en las alturas, el llanto del mono coto despierta a las criaturas.

Cada mañana, los monos coto, o monos aulladores rojos, trepan a lo más alto de los árboles y entonan a voz en cuello fuertes y estruendosos rugidos. Esta es su forma de decirles a otros grupos de monos coto: «¡Aléjense! ¡Este es nuestro hogar!».

Los monos coto son bastante ociosos. Se mueven lenta y cuidadosamente entre los árboles buscando las hojas más tiernas y apetitosas. Duermen por lo menos 18 horas al día.

Mono coto

El maquisapa saluda a la mañana, balanceando sus largas piernas como una araña.

Los monos araña peruanos, también conocidos como monos maquisapa, usan sus largas piernas y pies en forma de gancho para desplazarse con facilidad por el dosel del bosque. Se mueven rápidamente y viajan grandes distancias en busca de sus frutos favoritos.

Luego de alimentarse en las mañanas, los adultos descansan mientras los más pequeños juegan. A veces las mamás juegan con ellos al escondite o a atraparse.

Mono araña peruano

Más cerca a la fresca sombra del suelo, el lanudo huapo negro da un salto y un vuelco.

Los monos huapo negros, o monos saki, corren por la selva usando sus fuertes piernas traseras para saltar de rama en rama. Los huapo negros pueden dar saltos de hasta 32 pies (¡casi diez metros!). ¡Guau!

La mayoría de los monos comen fruta madura y escupen las pepas. Pero los huapo negros usan sus tremendos dientes y poderosas mandíbulas para desgarrar la fruta aún sin madurar. Luego trituran y tragan la nutritiva semilla.

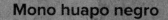

Mono huapo negro

Con la cola ensortijada, el mono machín come frutas, sapos y caracoles... ¡un festín!

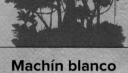

Machín blanco

Si ves un mono con la cola ensortijada, seguro que se trata de un mono machín, también conocido como capuchino. Pero las dos especies de monos machín del Parque Nacional del Manu tienen costumbres muy diferentes. Los machín blancos buscan fruta, nueces e insectos en la parte alta del bosque. Los machín negros atrapan su comida más cerca del suelo. Además de frutas e insectos también comen animales pequeños que puedan cazar.

Machín negro

Los monos leoncito beben la dulce
savia, luego, al mediodía, toman
su siesta diaria.

Mono leoncito

Los pequeños monos leoncito pasan la mayor parte del día comiendo. Clavan sus dientes en la corteza de los árboles y succionan la pegajosa savia que brota de allí. También atrapan saltamontes, escarabajos y otros insectos.

Luego de una siesta de mediodía, estos monitos se acicalan unos a otros quitándose la suciedad y piel seca de sus pelajes. Su rutina de aseo los mantiene limpios y sanos, pero también fortalece sus relaciones de amistad y confianza.

En la frondosa copa del árbol más alto, los monos choro cuelgan cabeza abajo.

Mono choro gris

Los monos choro grises, también conocidos como monos lanudos, se desplazan a un paso lento pero seguro por las copas de los árboles. Para cruzar brechas, se cuelgan de la cola y bajan con cuidado a la siguiente rama. También usan la cola para columpiarse hasta alcanzar sus frutas favoritas.

Estos monos son pacíficos y amigables. Raramente pelean y se saludan unos a otros con besos y abrazos.

¡Supay pichico divisa un bocadillo!

Mono supay pichico

Un rico hongo en un huequecillo.

Los monos supay pichicos, también conocidos como monos de Goeldi, pasan la mayor parte del tiempo en la densa capa baja de la selva conocida como sotobosque. Van de prisa por las ramas, saltan brechas y aterrizan en sus cuatro patas.

Durante la temporada de lluvia estos monos comen una variedad de frutas. Pero cuando la lluvia cesa, devoran con gusto un hongo arrugado y chicloso que crece en las rajaduras de la corteza de los árboles.

Los monos ardilla cantan y chirrían,
mientras la piel de sus bebés acarician.

Los monos ardilla, o frailecitos, usan por lo menos 26 sonidos diferentes para comunicarse. Chirrían para saludarse y ladran cuando se sienten amenazados. Las mamás arrullan a sus bebés con dulces cánticos que suenan como pío-píos y ronroneos.

Estos monos pasan la mayor parte del tiempo buscando comida. Al calor del mediodía, descansan y juegan.

Mono ardilla

Si un halcón hambriento amenaza sus nidos, los pequeños pichicos se protegen con chillidos.

Pichico emperador

Los monos pichico están llenos de energía. Se escabullen hasta la punta de las ramas para beber néctar y atrapar a los insectos que los monos más grandes no pueden alcanzar. También comen fruta y lagartijas.

Ya que se alimenta en lo alto del bosque, el mono pichico emperador, o tití emperador, se cuida de halcones o águilas. Mientras tanto, el mono pichico común se alimenta en la parte más baja. Ahí se cuida de los otorongos, también conocidos como jaguares, y tigrillos que acechan en la selva. Ambas especies de monos viajan juntas para protegerse.

Pichico común

Bajo la brillante luna de la Amazonía los tiernos musmuquis entonan una melodía.

¿Qué hace a los monos musmuquis tan especiales? Se mantienen activos cuando el sol se oculta, por eso se los conoce también como monos nocturnos.

En las noches oscuras, los musmuquis buscan su comida muy calladitos. Pero cuando la luna brilla, las familias corretean exaltadas, saltando de rama en rama. Los jóvenes brincan por el bosque, ululando un llamado para buscar pareja. Cuando dos monos se encuentran, se cantan el uno al otro entonando un dueto dulce y delicado.

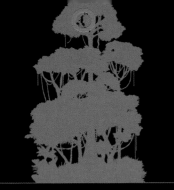

Musmuqui

El mono tocón descansa toda la noche, su larga y gruesa cola enroscada como resorte.

Mono tití oscuro

Catorce monos comparten el Manu, una cálida y frondosa selva en Perú.

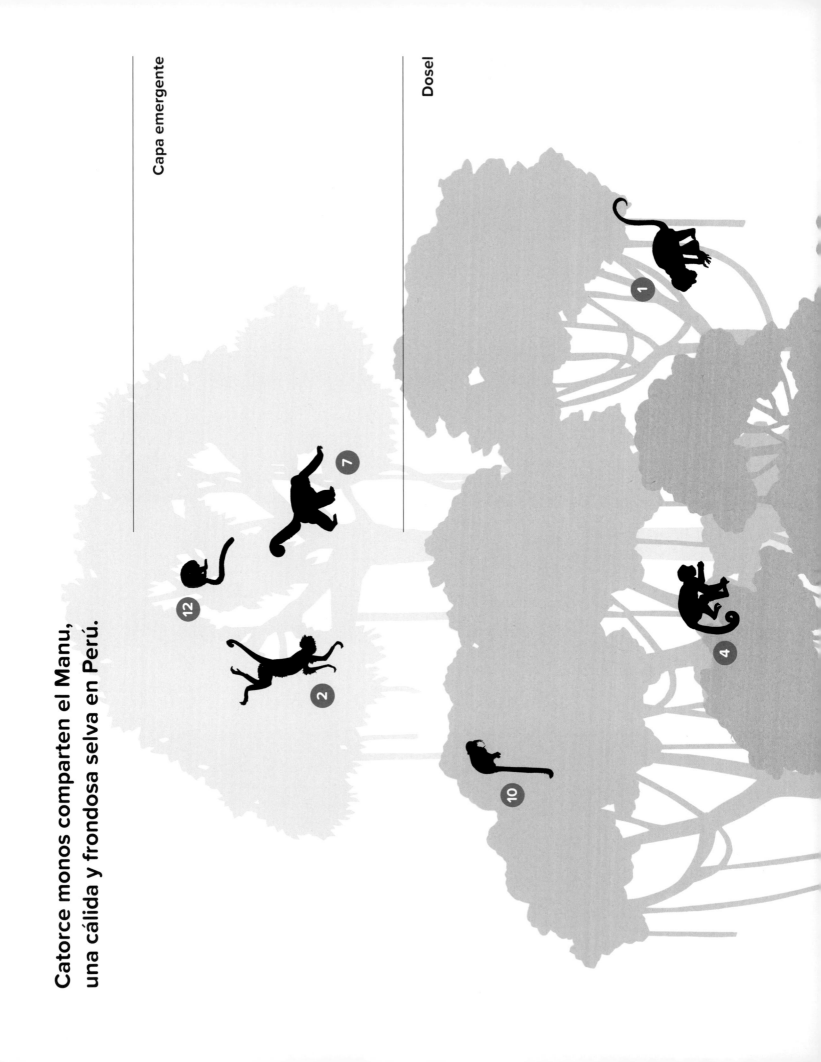

Capa emergente

Dosel

Sotobosque

Suelo del bosque

1 Mono coto
2 Mono araña peruano
3 Mono huapo negro
4 Machín blanco
5 Machín negro

6 Mono leoncito
7 Mono choro gris
8 Mono supay pichico
9 Mono ardilla
10 Pichico emperador

11 Pichico común
12 Musmuqui
13 Mono tití oscuro
14 Mono tocón colorado

Anotación: Las siluetas de los primates no están a escala.

Más sobre los monos del Manu

En la actualidad, hay más de 260 especies de monos en el planeta Tierra. La mitad de ellos viven en América del Sur. Los científicos los denominan *monos del Nuevo Mundo*.

Los monos del Nuevo Mundo pasan la mayor parte del tiempo en los árboles. Tienen cuerpos pequeños, narices planas y colas largas y fuertes. Algunos pueden usar sus colas para alcanzar y sujetar comida.

La mayoría de las selvas tropicales albergan solo unas pocas especies de monos, pero el Parque Nacional del Manu en el sureste del Perú es un lugar muy especial. Los científicos se maravillan de que haya 14 especies diferentes de monos conviviendo en esta área protegida, la cual es un poco más pequeña que el estado de Nueva Jersey. Ya que los monos del Manu tienen la combinación perfecta de características, comportamientos y estilos de vida, todos ellos pueden encontrar la comida y el espacio que necesitan para sobrevivir. Es realmente una de las comunidades de animales más maravillosas del mundo.

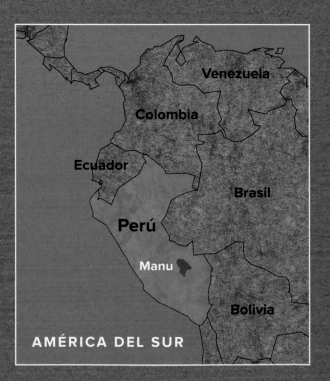

AMÉRICA DEL SUR

Mono coto

Nombre científico: *Alouatta seniculus*.
También conocido como: Mono aullador rojo.
Tamaño del grupo: De 15 a 20.
Alimentación: En su mayoría hojas, pero también nueces, frutas, semillas, flores e insectos.
Depredadores: Águilas harpía, jaguares.
Camada: Un bebé por año, la mamá provee el cuidado.
Longevidad: Hasta 25 años.
Notas adicionales: Luego de la siesta del mediodía, se juntan en los árboles y defecan al mismo tiempo. ¡Cuidado abajo!

Mono araña peruano

Nombre científico: *Ateles chamek*.
También conocido como: Maquisapa.
Tamaño del grupo: De 20 a 30. Se alimentan en grupos pequeños de 6 a 12.
Alimentación: En su mayoría fruta, pero también nueces, corteza, hojas, insectos y huevos de aves.
Depredadores: Jaguares.
Camada: Un bebé cada 2 a 4 años, la mamá provee el cuidado.
Longevidad: Hasta 40 años.
Notas adicionales: Cuando el maquisapa cuelga de un árbol con los brazos, las piernas y la cola luce como una araña gigante en su telaraña.

Mono huapo negro

Nombre científico: *Pithecia irrorata.*
También conocido como: Mono saki gris.
Tamaño del grupo: De 2 a 12.
Alimentación: En su mayoría frutas sin madurar y semillas, pero también hojas, flores, miel, insectos, huevos de aves y murciélagos.
Depredadores: Halcones, águilas harpía, gatos salvajes, culebras.
Camada: Un bebé cada 15 meses, la mamá provee la mayor parte del cuidado.
Longevidad: Hasta 30 años.
Notas adicionales: Si un depredador se acerca demasiado, la madre esconde a su cría en un lugar seguro y corre por el bosque haciendo ruidos. Esta táctica normalmente distrae al enemigo.

Machín negro

Nombre científico: *Sapajus apella.*
También conocido como: Mono capuchino negro.
Tamaño del grupo: Hasta 30, por lo general de 8 a 15.
Alimentación: Frutas, nueces, flores, néctar, hojas, insectos, huevos de ave, aves bebé, sapos, lagartijas, murciélagos y caracoles.
Depredadores: Águilas harpía.
Camada: Una sola cría cada 1 o 2 años, cuidado grupal.
Longevidad: Hasta 40 años.
Notas adicionales: ¿Cómo se protege el machín negro de garrapatas y mosquitos? Sobando su pelaje con una pasta de milpiés molido y orina.

Machín blanco

Nombre científico: *Cebus albifrons.*
También conocido como: Mono capuchino blanco.
Tamaño del grupo: De 15 a 35.
Alimentación: En su mayoría frutas, y algo de nueces e insectos.
Depredadores: Águilas harpía, gatos salvajes.
Camada: Una sola cría cada 1 o 2 años, cuidado grupal.
Longevidad: Hasta 40 años.
Notas adicionales: Cuando el machín blanco percibe que un depredador acecha bajo las ramas, lo rocía con orina.

Mono leoncito

Nombre científico: *Cebuella pygmaea.*
También conocido como: Tití pigmeo.
Tamaño del grupo: De 2 a 9, por lo general 6 u 8.
Alimentación: En su mayoría savia de los árboles e insectos, y algo de frutas y néctar.
Depredadores: Halcones, águilas harpía, gatos salvajes, culebras.
Camada: Gemelos una o dos veces al año, cuidado grupal.
Longevidad: Hasta 12 años.
Notas adicionales: Los monos leoncito son los más pequeños del mundo. Tienen el tamaño y peso de dos pelotas de tenis.

Mono choro gris

Nombre científico: *Lagothrix cana*.
También conocido como: Mono lanudo.
Tamaño del grupo: De 11 a 25.
Alimentación: En su mayoría frutas, y algo de hojas, semillas, flores e insectos.
Depredadores: Ninguno.
Camada: Una cría a la vez, la mamá provee el cuidado.
Longevidad: Hasta 30 años.
Notas adicionales: Cuando buscan comida, los monos choro cacarean como gallinas y relinchan como caballos para mantenerse en contacto entre ellos.

Mono ardilla

Nombre científico: *Saimiri boliviensis*.
También conocido como: Mono frailecito.
Tamaño del grupo: De 10 a 50.
Alimentación: Frutas e insectos, algo de néctar, flores, semillas y hojas.
Depredadores: Águilas harpía, tigrillos, culebras.
Camada: Una cría por año, cuidado grupal por las hembras.
Longevidad: Hasta 20 años.
Notas adicionales: Al mono ardilla, o mono frailecito, le encanta jugar. Las madres juegan cuidadosamente con sus bebés. Los jovencitos juegan a pelear o a perseguirse, y hasta los machos adultos se unen a la diversión.

Mono supay pichico

Nombre científico: *Callimico goeldii*.
También conocido como: Mono de Goeldi, pichico de Goeldi.
Tamaño del grupo: De 2 a 10.
Alimentación: Hongos, insectos, frutas, arañas, escorpiones, lagartijas, sapos.
Depredadores: Perros de monte, gatos salvajes, culebras, águilas, halcones.
Camada: Una cría una o dos veces al año, cuidado grupal.
Longevidad: Hasta 20 años.
Notas adicionales: El mono supay pichico usa hasta 50 tipos de sonidos diferentes para comunicarse con sus amigos y familia.

Pichico emperador

Nombre científico: *Saguinus imperator*.
También conocido como: Tití emperador.
Tamaño del grupo: De 2 a 15.
Alimentación: Frutas y flores, algo de savia, insectos y sapos.
Depredadores: Halcones, águilas harpía, gatos salvajes, culebras.
Camada: Gemelos una vez al año, cuidado grupal.
Longevidad: Hasta 20 años.
Notas adicionales: El pichico (o tití) emperador fue llamado de esa manera en honor al emperador Guillermo II, quien reinó en Alemania de 1888 a 1918. Al igual que el monito, el emperador tenía un impresionante bigote.

Los tamaños de los primates están a escala.

1   2   3   4   5   6   7

Pichico común

Nombre científico: *Saguinus fuscicollis.*
También conocido como: Mico bebeleche.
Tamaño del grupo: De 4 a 20.
Alimentación: Frutas, flores, savia, néctar, insectos.
Depredadores: Halcones, águilas harpía, gatos salvajes, culebras.
Camada: Gemelos una vez al año, cuidado grupal.
Longevidad: Hasta 13 años.
Notas adicionales: Los gemelos pichicos pesan hasta el 25% del peso de su madre. Es un alivio que la familia y los amigos ayuden a cargarlos y alimentarlos cuando son pequeñitos.

Mono tití oscuro

Nombre científico: *Callicebus moloch.*
También conocido como: Mono tití.
Tamaño del grupo: De 2 a 4.
Alimentación: En su mayoría fruta, a veces ramas, hojas e insectos.
Depredadores: Águilas crestadas, águilas coronadas.
Camada: Una cría por año, el papá provee la mayor parte del cuidado.
Longevidad: Hasta 12 años.
Notas adicionales: Cada mañana, los titíes oscuros adultos hacen ruidos guturales. Al igual que el mono coto, les están diciendo a otros monos que se alejen de su territorio.

Musmuqui

Nombre científico: *Aotus nigriceps.*
También conocido como: Mono nocturno, musmuqui cabecinegro.
Tamaño del grupo: De 2 a 5.
Alimentación: En su mayoría frutas, pero también flores, hojas e insectos.
Depredadores: Búhos, culebras, gatos salvajes.
Camada: Una cría al año, el papá provee la mayor parte del cuidado.
Longevidad: Hasta 20 años.
Notas adicionales: ¿Por qué los musmuquis son más activos durante la noche? Porque de esta forma evitan a la mayoría de los depredadores. También significa que no tienen que competir con otros monos por su fruta favorita.

Mono tocón colorado

Nombre científico: *Callicebus brunneus.*
También conocido como: Tití colorado.
Tamaño del grupo: De 2 a 4.
Alimentación: En su mayoría frutas y hojas, pero también algo de insectos y arañas.
Depredadores: Águilas harpía, águilas crestadas.
Camada: Una cría por año, el papá provee la mayor parte del cuidado.
Longevidad: Desconocida.
Notas adicionales: La mayoría de los monos comen solo ciertos tipos de frutas, pero el mono tocón se alimenta de más de 100 tipos de frutas diferentes y de hojas.

8   9   10   11   12   13   14

Fuentes seleccionadas:

Attenborough, David. *The Life of Mammals*. Princeton, NJ: Princeton University Press, 2002.

Attenborough, David. *Trials of Life: A Natural History of Behavior*. Nueva York: Little, Brown, 1990.

Cocha Cashu Biological Station. Manu National Park, Peru. cochacashu.sandiegozooglobal.org.

Discover Manu. discover-manu.org/manu.

Fleagle, John G., Charles Janson y Kaye E. Reed, eds. *Primate Communities*. Nueva York: Cambridge University Press, 1999.

Harvey, Paul. "Primate Adaptations." *Science*, 18 de mayo de 1984.

Marris, Emma. "One Tiny Wasp Turns a Fig Tree into a 150-Foot-High Eden." *National Geographic*, setiembre de 2016. http://news.nationalgeographic.com/2016/09/eden-in-a-fig-tree-in-the-peruvian-rainforest/.

Marris, Emma. "This Park in Peru Is Nature 'in Its Full Glory'—with Hunters." *National Geographic*, junio de 2016. http://www.nationalgeographic.com/magazine/2016/06/manu-peru-biodiversity-national-parks/.

Nowak, Ronald M. *Walker's Mammals of the World*. 6th ed. Baltimore, MD: Johns Hopkins University Press, 1999.

Redmond, Ian. *The Primate Family Tree: The Amazing Diversity of Our Closest Relatives*. Buffalo, NY: Firefly Books, 2008.

Stewart, Melissa. Observaciones personales registradas en su diario de viaje. Parque Nacional Tortuguero, Costa Rica, 2005.

Terborgh, John. *Five New World Primates: A Study in Comparative Ecology*. Princeton, NJ: Princeton University Press, 2014.

University of Michigan Museum of Zoology. Animal Diversity Web. http://animaldiversity.org.

University of Wisconsin, Madison. National Primate Research Center's Primate Info Net. http://pin.primate.wisc.edu/.

Wright, Patricia Chapple. *High Moon over the Amazon: My Quest to Understand the Monkeys of the Night*. Nueva York: Lantern Books, 2013.

Para más lectura:

Duke, Kate. *In the Rainforest*. Nueva York: HarperCollins, 2014.

Dunphy, Madeleine. *Here Is the Tropical Rain Forest*. Berkeley, CA: Web of Life, 2006.

Guiberson, Brenda Z. *Rain, Rain, Rain Forest*. Nueva York: Holt, 2004.

Klepeis, Alicia. "30 Cool Things About Rain Forests." *National Geographic Kids*, setiembre de 2014.

Marris, Emma. "Peru's World Apart." *National Geographic edición estudiantil,* junio de 2016.

Reid, Mary E. *Howlers and Other New World Monkeys*. Chicago: World Book, 2000.

Sayre, April Pulley. *Meet the Howlers!* Watertown, MA: Charlesbridge, 2010.

Stewart, Melissa. *No Monkeys, No Chocolate*. Watertown, MA: Charlesbridge, 2013.

Thomson, Sarah L. *Quick, Little Monkey!* Honesdale, PA: Boyds Mills Press, 2016.

Para Katy Tanis, quien me dio
consejos clave en el momento
oportuno
—M. S.

Para Jamie
—S. J.

BEACH LANE BOOKS • Un sello editorial de la División Infantil de Simon & Schuster • 1230 Avenida de las Américas, Nueva York, Nueva York 10020 • Texto © 2021 de Melissa Stewart • Ilustraciones © 2021 de Steve Jenkins • Traducción © 2024 de Simon & Schuster, LLC • Traducción de Mariana Llanos • Originalmente publicado en 2021 por Beach Lane Books como *Fourteen Monkeys* • Diseño del libro de Irene Metaxatos © 2021 de Simon & Schuster, LLC • Todos los derechos reservados, incluido el derecho a la reproducción total o parcial en cualquier formato. • BEACH LANE BOOKS y su colofón son marcas de Simon & Schuster, LLC. • Simon & Schuster: Celebrando 100 años en la industria editorial en 2024 • Para obtener información respecto a descuentos especiales en ventas al por mayor, llame a Simon & Schuster Special Sales, 1-866-506-1949, o escriba a business@simonandschuster.com. • El Simon & Schuster Speakers Bureau puede llevar autores a su evento en vivo. Para obtener más información o para reservar a un autor, póngase en contacto con Simon & Schuster Speakers Bureau, 1-866-248-3049, o visite nuestra página web en www.simonspeakers.com. • El texto de este libro usa la fuente Proxima Nova. • Las ilustraciones de este libro fueron creadas con un *collage* de papel recortado y papel rasgado. • Fabricado en China • 0224 SCP • Primera edición en español de Beach Lane Books, junio de 2024 • 10 9 8 7 6 5 4 3 2 1 • Los datos de este libro están disponibles en la Biblioteca del Congreso de los Estados Unidos. • ISBN 9781665954921 (tapa dura) • ISBN 9781665954914 (rústica) • ISBN 9781665954938 (edición electrónica)